纪念卡尔·马克思诞辰 200 周年!

# 给青少年的共产主义读本

[德] 比尼·亚当恰克 — 著
Bini Adamczak
卢刚 / 张明明 — 译

人民东方出版传媒
東方出版社

# 译者序

“我们是共产主义接班人，继承革命先辈的光荣传统，爱祖国，爱人民……”这首名为《我们是共产主义接班人》的歌曲，曾经在二十世纪下半叶的中国大地上广为流传。对于出生于五十年代到八十年代的中国人来说，这首歌曲，还有红领巾、三道杠，是标志着光荣与梦想的童年记忆。进入新世纪，德国学者比尼·亚当恰克有感于资本主义给人民群众带来的痛苦，发觉共产主义仍然是医治这种痛苦的一剂良药。为了能让资本主义社会的孩子们了解共产主义，亚当恰克在2004年用德语写了一本书，叫《共产主义：一个关于如何改变世界的小故事》（*Kommunismus: Kleine Geschichte, wie Endlich Alles Anders Wird*）。作者希望德国的孩子能够树立改变资本主义世界的雄心，燃起共产主义的渴望，与中国孩子“我们是共产主义接班人”的歌声，形成一种东西呼应的协奏曲。

在资本主义社会内部公然宣传共产主义，本身就是件离经叛道的事情，更何况这次的宣传对象是青少年，而且居然是通过讲童话故事的方式。亚当恰克这一惊世之举，让她走出德国，获得了世界性的关注。2017 年 3 月，美国麻省理工学院出版社将该书译成英文，并为这本书取了一个目标读者更明确的名字——《给青少年的共产主义读本》。

该书在美国一经出版，即引发巨大的争议。美国著名马克思主义理论家詹姆逊盛赞这是一本“令人愉快的”小册子，能够启发读者畅想一种迥异于资本主义的“生活方式”。美国知名作家蕾切尔·库什纳也同意亚当恰克的观点，认为在资本主义将全世界拖到崩溃边缘的时候，这本书的出现给人以极大的启发。2017 年 4 月，该书出版一个月之后，就登上了亚马逊儿童政治类畅销书榜首的位置。这就惹恼了美国的政治保守派。《纽约时报》《美国保守派》《四分仪》等西方重量级媒体，连续刊发批判文章，对亚当恰克及其著作进行疯狂攻击。亚当恰克本人收到了不少恐吓信，就连麻省理工学院出版社也倍感压力。令西方的政治保守势力困惑的是，麻省理工学院出版社这样一个主流出版社，为什么竟然堕落到出版共产主义著作的地步？

要讲清楚“共产主义”“资本主义”“经济危机”这些大概念，是一件很不容易的事情，但作者无疑是个讲故事的高手。比尼·亚当恰克是德国当代社会理论家和艺术家，她的作品涉及政治理论、酷儿政治以及革命史。作者用各种可爱的女性角色，为小读者们编织起一个粉红色的童话世界。这里面有嫉妒的公主、奇特的宝剑、失去家园的农民、刻薄的老板、疲惫的工人、可爱的小革命家，还有破产之后流出烟灰眼泪的工厂。童话从来就包含着深厚的政治隐喻。亚当恰克熟练地运用了这种形式，把资本主义社会复杂模糊的命题，讲得易于理解而且饶有趣味。

“商品拜物教”是个资本主义社会的复杂命题。要让成人理解这个命题并不难，只需要举一个拜金主义的例子就可以了。但是，对于还没有产生金钱观念的孩子来说，这个例子并不管用。于是，作者设计了一个这样的场景：一个小女孩写了一张提醒自己喝水的纸条，然后就把这件事情忘在脑后了，后来当她重新发现这张纸条的时候，以为那是一道让她必须喝水的命令，于是每看到一次就喝一次水，可怜的小女孩很快就肚子痛起来。人被自己所创造的事物所控制，甚至将其神化为高高在上的神灵，甘愿成为它的奴仆。马克思在《资本论》里曾经将“商品拜物教”分析得鞭辟入里，但在这里，这个概念第一次以如此清晰的方式走进孩子们的世界。

在用“小纸条”完成对小读者的初步启蒙之后，作者又借助“通灵板游戏”的例子，把对“拜物教”的解释引向了深入。在这个游戏中，玩家们之间隐秘的合作，形成一种合力，推动了通灵板上杯子的运动。但是，所有的玩家却认为，杯子是受某种神秘力量操控的，杯子的移动轨迹其实在传递某种神秘的启示。资本主义社会中的协作劳动，创造了巨大的生产力，但是这种生产力反过来，以“金钱”“机器”“工厂”等具体形式，让创造者臣服于自己脚下。

诸如“小纸条”和“通灵板游戏”的例子，在书中还有很多。每一个例子和情节，都经过作者的精心设计，背后包含着深刻的理论命题和历史命题。从“原始积累”到“资本积累”，从“劳动力成为商品”到“剩余价值的生产”，从“经济危机”到“共产主义试验”，一系列大事件和大概念，都在作者的笔下，以故事和游戏的形式呈现出来，简单而不失深刻。不管亚当恰克是否承认自己是马克思主义者，这本小书明显贯穿着《资本论》的叙事逻辑。

在讲述完童话故事之后，作者在结语部分深入分析了故事背后的理论问题。在亚当恰克看来，目前为止所有对资本主义的批判，大致可以分为两类，一类是从生产领域出发的，以苏联传统社会主义国家为代表；一类是从消费领域出发的，以西方马克思主义的文化批判为代表。对于前者，亚当恰克认为，生产领域的“劳动”概念，最先是在资本主义框架下被建构起来的。因此，传统社会主义国家试图以“劳动”对抗“资本”，通过“创造一个工人阶级的方法来超越工人阶级”，根本还是在资本主义的窠臼中打转，最终只能是在社会主义的新酒瓶里，装上资本主义极权统治的陈年老酒。对

WUNSCHE
1.
2.
3.

于后者，亚当恰克认为，西方马克思主义传统中的消费主义批判，其主线是指责资本主义不能履行向群众承诺的幸福生活，所以在根本上还是资本主义意识形态的附庸，充当一个“小骂大帮忙”的角色。

亚当恰克对各种反资本主义的批判理论，进行了非常有德国范的“批判的批判”，然后向读者提出了自己的结论——我们要站在未来的立场上，继续创造和时刻保持对共产主义的欲望，“欲望着的欲望！共产主义的欲望就是痛苦最终走向终结的欲望”。在这里，亚当恰克站在一个艺术家的角度，从对资本主义的强烈憎恨中，导引出对于共产主义的热烈渴望。但是，正像爱不能发电一样，欲望并不必然产生行动，即使产生某些抵抗资本主义的行动力量，也极容易被精明老练的资产阶级吸纳收编，最终消弭于无形。世界早期工人运动的规模不可谓不大，工人阶级对于资本主义的憎恨不可谓不强烈，破坏机器、暗杀、罢工、暴动、竞选议员能够想到的反抗形式，基本都用上了，但均以失败告终。只有 1917 年俄国十月革命的一声炮响，才让全球资产阶级真正紧张起来。亚当恰克在书中多次称道的当代反抗运动，比如 1994 年墨西哥萨帕塔民族解放运动，1999 年西雅图反全球化运动，以及 2001 年意大利热那亚的反全球化运动，时至今日早已是“风流总被雨打风吹去”，资本主义的湖面只是泛起一圈涟漪后就迅速归于平静。只有中国特色社会主义取得的伟大成就，才把全世界被压迫民族和国家吸引到一起，才让资本主义社会把“社会主义”看成是一种实实在在的力量。

在童话故事的结尾，主人公跳出书外，向读者喊话：“下一步该怎么办，由我们自己来决定。因为这是我们的故事，我们正在创造历史呢。”在结语的最后，亚当恰克再次呼应了这一主题，尚未终结的历史，再次向全世界公开征求意见。历史并没有终结，关于共产主义的讨论和行动，也必将一直持续下去。这本书不仅是一本给青少年的书，它适合所有渴望一个更美好世界的读者。

卢　刚

2018 年 3 月

# 目录

CONTENTS

# 什么是共产主义？

共产主义是消除一切罪恶的社会，在那里人们不用像现在这样吃资本主义的苦头。人们对于共产主义有着各种各样的想象。但是，如果说共产主义意味着消除罪恶并且不用再忍受资本主义苦难的话，那么能消除最多罪恶的想象就是最好的共产主义了。这就像治病一样。假如把资本主义比作是一场病的话，那最好的共产主义就是这样一种药——它不能只治好三分之一的病，也不能只治好一半的病，而是得把这种病完全治好，这才是最好的共产主义。话虽这样说，但人们生病之前本来就是健康的，吃了对症的药自然就药到病除了。资本主义的情况可不一样，人们在吃资本主义的苦头之前也忍受了其他的苦痛，所以这种比喻也不够恰当。就算共产主义是一种非常好的药，它也不是万能药，它只能治好那些资本主义引起的疾病。比如说吧，如果一个女孩肚子痛同时又流鼻涕，那么她吃了治肚子痛的药之后，肚子是不痛了，但鼻涕还是照样流的。共产主义也是这样：它不是什么病都能治，而是只能治好资本主义引起的疾病。

为了能够真正了解共产主义，并搞清楚哪一种共产主义思想才是最好的，我们得首先知道什么是资本主义，以及它是怎样让人们受苦的。

# 什么是资本主义？

资本主义现在满世界都是，而它之所以叫“资本主义”，是因为资本控制了一切。这并非像人们通常所说的那样，是资本家们控制了一切，也不是资产阶级控制了一切。在资本主义社会里，有那么一部分人他们比其他人拥有更大的权力，不过并没有一个高高在上的女王能够对所有人发号施令。那么，如果不是什么人在控制整个社会的话，到底是谁在控制社会呢？答案是“物”，这听起来可能有点怪怪的。当然我们不能仅仅从字面上来理解，毕竟“物”自己做不了什么事情，尤其是在“控制人”这件事情上。而且，也不是所有的“物”都有这个魔力，只有那些特殊的“物”才行。或者说得再明白一点，只有那些特定形式的“物”才有这种魔力。这些特殊的物，既不是从天上掉下来的，也不是从那些飞到地球上用激光攻击人们的 UFO 上来的。它们正是那些人们创造出来为自己服务、让生活更方便的东西。奇怪的是，时间一长人们就忘记了这些是他们自己创造出来的东西，而且很快人们就开始转而为这些东西服务了。

想象一下：一个女孩走到桌边，并在纸条上写道："请喝一杯水。"一两个小时之后，她又溜达回来，并且发现了那张纸条。她这次再读纸条的时候，已经忘了这张纸条是她自己写下的，然后她就想自己好像应该按照纸条上说的那样办。开始的时候，她可能有点拿不定主意，于是就找来一个朋友问道："我现在非得要喝一杯水吗？可我现在还不渴呢！"这个朋友回答说："我也不知道啊。我们来看看这张纸条上都写些什么吧。"这位朋友看完纸条后给她说："是的，纸条上就是这么写的，你必须要喝一杯水。"如果她经常要从这张纸条旁边走的话，每过来一次就喝一杯水，那她的肚子很快就要装满水了。她就这样被这张纸条控制了，最后成了物的奴隶，并且吃起苦头来了。

这的确听起来有点奇怪。她为什么突然忘记了自己写过的东西了呢？她为什么也不认识自己的笔迹了呢？

通常情况下，现实比上面这个场景要更复杂一些。人们的生活也好，工作也好，都不是孤立进行的，大家都生活在同一个社会中，互相之间发生着密切的联系。像上面那个小女孩写下的那句话，在现实生活中，并不是某一个人写下的，而是大家一起写下来的。我们换一个占卜盘的例子（这个例子中也有一个杯子），来给大家说明一下。玩这个游戏的时候，一群人围着占卜盘坐成一圈，占卜盘上写着 26 个字母，正中间放着一个杯子。每个人都把一只手或者一个手指放在

这个杯子上，因为大家无意识地都会有点轻微的抖动，这样形成的合力就让杯子移动起来，看着就像有一只无形的手，把杯子慢慢地从一个字母推到下一个字母。在他们看来，既然没有哪个人有意把杯子推移出这样的轨迹，那么这一定是有幽灵想要传递某种信息。其实他们没有意识到，正是他们自己的合力才让杯子动起来的。

占卜盘的例子很形象地说明了资本主义下的生活是什么样子的。实际上，正是在游戏玩家的共同推动下，那个杯子才不可思议地动了起来，这是大家共同发力的结果，单独某个人可做不到这一点。不过，他们可没想这么多，他们甚至都没有觉察到彼此之间的合作关系。可以说，他们的这种合作关系是非常隐秘的，并不太容易看出来。换一种情况，如果这些人是自觉聚到一起的，共同商量着到底想在通灵板上写点什么东西出来，那结果肯定就大不一样了。至少完全可以确定的是，这些东西到底是谁最想写出来的。虽然事实就是如此，但这些东西看起来好像是一只无形的手写下的。既然没有人能说清楚这到底是怎么回事，于是大家就认为这是一种神秘的力量，就像幽灵或者妖怪一样。

所以你们看，不是所有形式的合作、组织和劳动，都可以让“物”拥有控制人们的魔力，只有一些特殊形式才行。像占卜盘游戏那种无意识的合作形式，就能够让大家自觉臣服于某种神秘的力量，但要是换成大家商量着来做，虽然也是一种合作，但就没有什么神秘感可言了。同样，也不是所有的社会都被“物”所控制，这是只在资本主义社会才发生的事情。只有在资本主义社会，人们的相互联系和协作劳动，才会最终导致“物”控制人的情况发生。那么，在资本主义社会，人们之间的相互关系究竟特殊在什么地方呢？又是什么让资本主义的人际关系与其他社会的人际关系有那么大的区别呢？

要回答这个问题，让我们先看一看“资本主义”是怎么出现的吧！当我们这样做的时候，我们会发现资本主义并不是从来就有的，搞清楚这一点很有必要。

# 资本主义是怎么出现的？

资本主义已经有200—500年的历史了，最早是在英国发展起来的。在那个时代，封建主义还占据着统治地位，也就是说那个时候还有女王和公主，也有许多女仆。但绝大多数的人是农民。农民和他们的全家老小，都在小村落里靠种田维持生计。因为他们没有机器，也造不出什么发明，因此不得不非常辛苦地靠体力干活。虽然他们已经很拼命地在干活了，但还是很穷。更糟糕的是，在那个时代权力很大的教会，还要从农民生产的面包里面，拿走十分之一，而公主们拿走的就更多了。有时候，农民们还不得不到皇宫里去，在那里为公主干一阵子活。不过，他们一直很清楚，统治者从他们这里拿走了多少东西。要不然的话，他们本应该是生活得无忧无虑的。你们看，公主自己对干活一窍不通，所以也就更不懂得教农民怎么干活了。

在那个时代，英国是一个海上霸主，它的生意做遍全世界。每天早上，都有很多商船离开英国的港口，去往非洲、欧洲，甚至更远的亚洲和美洲。因为那时候拥有足够大的船和足够重的火炮的商人并不多，所以那些拥有这种大船的商人就能赚大钱。比如说，他们航行到美洲，抢了当地人所有的珠宝，并把珠宝卖到欧洲。然后，他们再航行到非洲，抓了很多当地人，并把那些人卖到美洲。这些商人变得非常富有，很快过上了那种公主连做梦都想不到的奢华生活。

当看到这些戴着大号珠宝，手里拿着奇特宝剑的商人竟然如此富有，公主们开始警惕起来。她们担心，这些商人在经济上如此富有之后，会想要在政治上也说了算，甚至还有可能会打倒公主——实际上商人们后来也的确这么做了。

公主们狂热地想要和商人们变得同样富有。但是她们手里真正拥有的，只有农民世代耕种的土地，而靠农民在上面种点萝卜，根本也赚不了什么钱。要想赚更多的钱，就要靠生产羊毛，羊毛在当时的欧洲可是很贵重的。所以，公主就命令臣民们不要再种萝卜了，全部改为养羊。后来人们发现，和种萝卜比起来，养羊只需要很少的农民就够了。当绵羊到处都是的时候，能靠土地生活下来的农民就大大减少了。绝大多数的农民就这样变成多余的了。

既然公主们就只盯着富商们的大号珠宝和奇特宝剑，所以她们毫不关心农民的遭遇。公主们派士兵把农民从他们世代生活和耕种的土地上赶了出去。这些士兵非常凶狠，打伤了许多农民。农民们变得非常悲惨，但是更悲惨的是当他们意识到他们再也回不了自己的家园，而且曾经学的东西现在

也都毫无用处了。他们都不知道以后该靠什么养活自己，也不知道该去哪。最后，他们去了大城市，但是当他们到了才发现，城市里满大街都是和他们一样被赶出家园的农民。没有土地，他们也就再种不出任何食物来。他们穷得一无所有，也就没有什么东西是可以拿去卖的。他们也不能去偷东西，因为警察会抓住他们并狠狠地惩罚他们。他们唯一拥有的就只剩他们自己了。所以，很多人就把自己卖去了工厂做工。

从那个时候开始，资本主义社会的人们，至少是那些一无所有的穷人，就被迫去工厂工作。要不这样做的话，他们就没有钱，也就不能买东西吃。人人都得吃饭，所以就不得不去工作，不管他们适不适合这些工作，也不管生产出来的东西是不是愚蠢，他们都得制造出一些东西来，比如说枪。就这样，人们成为“物”的奴隶。说来也怪，要维持“物”对人的统治，其实也不需要多少士兵和警察。

在资本主义社会，工作可是个大事情。所有的一切都取决于它。不工作的人就没有饭吃。不工作的人处处不招人待见——因为有人认为，不工作的人就像寄生虫一样。为了更好地了解资本主义是怎么运转的，我们必须仔细看一下所谓的工作究竟是什么。

# 什么是工作？

每天一大清早，学校的上课时间还没到呢，人们就得起来去工厂或办公室工作。有些人下午才去上班，有的人则是在晚上开始工作。现如今，有些人甚至可以自己决定什么时候开始工作。留在家里的人也要工作，收拾下早餐桌，还得熨熨衣服。不过，怎么工作无所谓，因为不管怎样，他们必须都得工作。等他们到了工厂或办公室的门口，就会看到有位职员守在那里，问他们:“你们想要为我们的工厂或办公室工作吗?”他们能怎么回答呢?他们很可能对工作一点也不感兴趣，倒是更愿意多睡会懒觉，或者和朋友一起吃个早饭。不过，他们可不能照实说出来，因为他们知道，只有先工作，才能买得起早饭。

所以他们就说:“是的，我愿意。”

“非常好，”这位职员客气地回答道。她接着说:“工厂会付给你们足够的钱，你们可以去买吃的喝的，付清你们的房租，还可以一周去看两次电影。但是作为交换，只要你们在这里，工厂让你们干什么，你们就得干什么!”

“一周看两次电影，这听起来很棒啊”，人们这样自我安慰，“但是，一天八小时都要待在工厂里，让我干什么就要干什么吗？八小时可是我一天三分之一的时间啊！如果我再睡八个小时：那我醒着的时间就只剩下八小时了。而这一切，就是为了每周能看两次电影……”

但是，他们还能说什么呢？他们在来之前其实就已经答应了啊，另外他们现在已经在工厂或办公室门口了呀。

他们还没来得及关上门，工厂就开始咆哮起来，声音大得能把人的耳朵吵聋。

“现在，从这个过道往前走，别停！一直走过那道门！看到那边的椅子了吗？坐上去。”工厂停下来想了一会，接着吼道：“好吧，看看我们今天要干点啥？准确地说，今天我们必须要生产 1223 个蒸汽熨斗。也就是说，你们每个小时得砸一百下这个钉子。”

“嗯？我要砸这个愚蠢的钉子？还得一百下？”一个工人生气地抗议起来。“但为什么要这样做呢？这到底有什么用处？这和蒸汽熨斗有什么关系？究竟谁想要这么多熨斗？谁用得了这么多熨斗？”

但是，工厂的声音已经听不见了。比起回答工人这些问题，它有很多更重要的事情等着要做。而且，可能工厂自己也不知道答案。

工厂并不是真的会说话，它只是用石头、机器还有塑料

建造起来的，它根本就没有嘴巴。尽管如此，工厂还是会用它特有的方式来说话。要弄清楚这一点，我们得再举个例子。想象有一把椅子。如果你之前从来没有见过椅子，也不知道椅子是个什么东西，那么当你见到椅子的时候，你根本就不知道椅子是干什么用的。你可能会用它来生火。可如果有人跟你解释了椅子的用途之后，你也就听懂了椅子的语言。椅子是这样说的："像这样坐下来。不，别躺在我身上，你会摔倒的！别再晃了，你会把我的后腿晃断的！"如果这是一把坐上去很不舒服的椅子，那么它说的就是坏话："我要让你痛。我要刺痛你的背。"

工厂和学校里的椅子，通常就是这种坏椅子。它们故意被设计得很硬，这样你坐在上面就只能保持一种姿势。它们就是要人们觉得不舒服，以防人们坐在上面打瞌睡，一小会儿也不行。

因为人们建造了很多很多的大工厂所以工人们必须要服从它们的要求。工厂经常谈的就三件事：怎么生产，生产什么，还有生产多少。比如，工厂让一群工人围着桌子坐成一圈一边说话一边互相递东西，让一些工人独自待在家里熨衣服；让一群工人锤钉子，而让另外的工人在电脑上不停地忙活，去写一堆工厂想要的材料。同时还有工人不得不去设计手枪。工厂也会提前说，所有这些东西需要生产多少。比如说，一个小时要砸一百个钉子，或者洗完一整个房间的衣服，

或者在电脑上每天写满五页纸。最后，工厂根据每个人完成的工作，来决定大家能拿到多少回报。锤钉子的工人可能分到一张电影票，洗衣服的工人没有票可拿，而工厂却为了讨好老板，给老板准备了一百张电影票。

现在，某个工人可能不想整天就只是锤钉子，而是更愿意去电脑前工作，不过每天他只愿意写四张纸，而不是五张纸。另外一个工人可能不想只干熨衣服的活，他更愿意和其他人坐在桌子旁边，更好的情况下，是各种事情都能做一些。有时候在家里熨衣服，有时候和大家围坐在桌子旁，晚上写点小文章。第三个工人则根本不想做任何和手枪有关的事情。

但是，当这些工人向工厂提出自己这些想法的时候，工厂突然开始装聋作哑，就好像它根本什么都不知道一样。它就是个呆头呆脑的工厂，用石头、机器和塑料修建起来的没有耳朵的工厂。人们叹着气，转身回到他们自己的工作岗位上去。他们这才明白，虽然工厂是人们自己建造出来的，但是工厂一点也不在乎人们。它不在乎人们是不是高兴，也不在乎人们是不是知道自己在做什么，以及为什么要这样做。它唯一在乎的事情是，尽可能地多生产东西，还有多卖东西。只有人们的高兴能够让东西多卖出去的时候，工厂才会愿意让人们高兴一点。如果人们的高兴能够让东西多卖出去的话，那么人们就必须得高兴——不高兴也得高兴起来。而这些让人们觉得很不高兴。但是，东西还是卖出去了，这才是工厂唯一在乎的事情。如果工厂能够多卖东西的话，它就可以雇佣更多的工人，也可以买更多的机器，这样就能生产出更多的蒸汽熨斗、文字材料和手枪。接下来，工厂同样也能卖掉这些东西。

如果工厂不用在乎工人，工人们只在乎工厂所在乎的事情，而工厂只在乎买和卖，那这就太美妙了。

为了更好地弄懂工厂是怎么运转的，我们就得仔细了解一下，工厂是如何来经行买和卖的。为了能够买卖东西，工厂必须得到“市场”上去。这可不是那种只有水果和蔬菜的农村集市。工厂要去的市场，是那种特殊的巨大的市场。让我们深入了解一下。

# 什么是市场？

工厂到市场去卖东西之前，它必须首先得造点什么东西出来。制造或生产东西需要各种各样的原料——就像做蛋糕一样。要做一个蛋糕，我们需要1.鸡蛋和面粉；2.一个烤箱；3.一名面包师傅。但是，我们的工厂并不是做蛋糕的，它想要制造的是蒸汽熨斗。所以，它买了一大堆金属片和一大袋钉子。要把金属片和钉子组装成一个蒸汽熨斗，还得需要一台制造熨斗的大机器。然后，工厂去买了三台大得吓人的机器。如果别的工厂已经有这些东西了，那它就不用买了。总共加起来，现在有三台制造熨斗的大机器，一大堆金属片，还有一大袋的钉子。但是，这些东西自己并不能动，所以工厂意识到，它还需要工人！

工厂要想找到工人，得去专门的一个市场：劳工市场。在劳工市场上，有很多各种各样的人在那里等着把自己卖出去，他们其实也是从一些特殊工厂里被生产出来的，比如中学、培训学校家庭工厂。这样，工厂就能够去劳工市场上准确地描述自己需要的人。它说："早上好，我需要12个锤钉

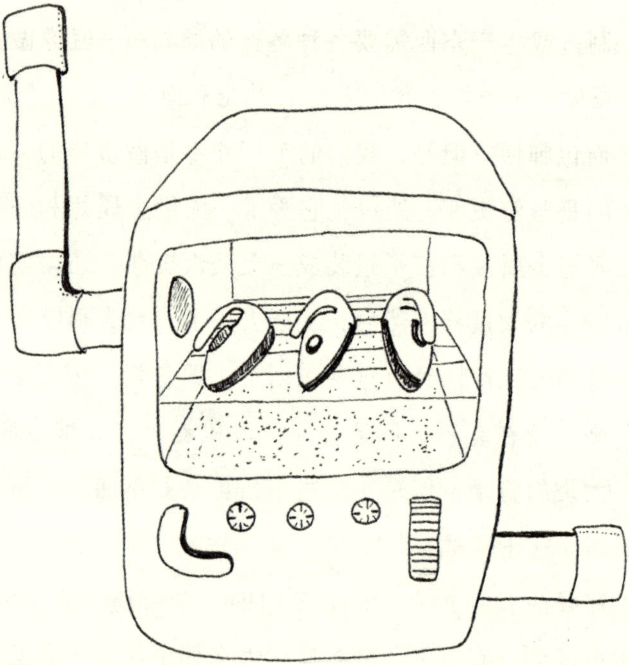

子的人，6个弯金属片的人，还有1个检验熨斗的人。”除了这些人以外，工厂还需要2个能想出点子的人，他们得设计出一些流程，能够将机器、金属片、钉子和工人这些原料变成蒸汽熨斗。最后，工厂需要一个经理来监督其他人是不是完成了工厂对他们的要求。工厂问这些人："你们愿意为我工作吗？"人们回答说："是的，我们愿意。"这个答案早已经是我们意料之中的了。

然后，工厂把工人从劳工市场带回去，并把他们和金属片、机器、钉子关在一起，每天关八个小时。过一段时间，第一批熨斗就从工厂中新鲜出炉了。工厂再把这些熨斗拿到市场上去卖掉。这一次，工厂不是去劳工市场了，而是去熨斗市场，或者去大型综合市场。工厂用卖熨斗的钱，再去买金属片、钉子、制造熨斗的工人，还有最新的机器。有了这些新原料，工厂就能够生产更多的熨斗，然后再把这些熨斗卖掉。

在大型综合市场上，工厂满脑子都是新机器、金属片、钉子还有制造熨斗的工人。突然有一天，工厂发现有点不大对劲。在不远的地方，就隔着一条大街，还有一家工厂也在卖熨斗。"我得过去看个究竟"，工厂嘴里咕哝着，然后就走了过去。它看到那些熨斗的价格后，心里想："这不可能呀！"它看到了什么？那家工厂的熨斗竟然卖得更便宜。虽然也没有便宜太多，但是足够让人们去买这家的熨斗，而不买自己家的了。

“该死，该死，该死！”工厂心想，它嫉妒坏了。它没法接受其他工厂的熨斗便宜所以卖得多的现实。它的眼里根本容不下任何人，包括自己的工人和其他工厂唯一能让工厂高兴起来的事情，就是卖了再买，买了再卖。它们梦寐以求的东西只有机器、金属片、钉子和制造熨斗的工人。我们的工厂其实可以过去问问那家工厂：“嘿！朋友，你是怎么把熨斗做得这么便宜的？我也想做得像你那样。”或者也可以这么说：“这太巧了，你也在做蒸汽熨斗，不如我们一起合作吧，这多好。”但是，工厂可不会这么想，而且如果它们两家联合起来的话，只会惹恼第三家工厂。

工厂现在很生气，它一回到家，就把那两个负责出主意的人叫过来，问他们该怎么办。

第一个人说：“你也得把熨斗做得更便宜，做得更快，做得更多。你得减少成本，这样才能降低熨斗的价格。比如说吧，你其实只需要一个人给你出主意就足够了，用不了两个。”“这是个好主意！”工厂说，接着当场就解雇了说话的那个工程师。第二天，工厂把工人们都叫到一起（少了一个人），并且宣布：“从现在开始，发给你们的工资，只能让你们一周看一次电影了。还有，你们每天得要多加一个小时的班。”人们一点都不喜欢这样，但是也没办法，因为他们知道，每当他们想提些要求的时候，工厂就会装作听不见。所以呢，就只好垂头丧气地回去工作了。

几周以后，我们的工厂大摇大摆地回到市场上去，炫耀它那超级便宜的新熨斗。“大家都过来看看啊！”它喊道，“我的熨斗比那边那家的便宜多了。”工厂伸出它那巨大的金属手指，指了指街对面那家工厂，脸上乐开了花。这一招真管用。大家都围过来，买这家工厂的熨斗。而那家工厂呢，卖出去的熨斗就越来越少了。我们的工厂高兴坏了。它一边卖着熨斗，一边有时闭上它那窗户一样大的眼睛，美滋滋地想着一会就能用新赚到的钱，去买新机器、成堆的金属片、很多很多的钉子和制造熨斗的工人。但是，大街那边是什么悲惨的光景呢？就是那家工厂，歪歪斜斜地倚在那堆再也卖不出去的熨斗上面。我们要是走近瞧瞧的话，就会看到，又黑又厚的烟灰眼泪从它的烟囱上滴下来。最后的结果就是，那家工厂欠了一屁股债，原来的好光景一去不复返了。由于我们的工厂制造的熨斗更便宜，那家工厂就再也卖不出自己的熨斗了。既然卖不出去熨斗，那家工厂也就没钱来买新机器、金属片、钉子和制造熨斗的工人。那家工厂非常非常难过，很快就破产了。这一切来得都很快！破产的工厂解雇了所有的工人。那些制造熨斗的工人现在突然都失业了。虽然在工厂里工作很不开心，但是失业之后也不开心，因为这样他们就赚不到钱了，也就不能去看电影了。

在这之前，两家工厂的工人们还能够一周去看两次电影。

现在呢，一家工厂的工人只能一周去看一次，而另外一家工厂的工人根本就没钱去电影院了。但还有些其他情况。那些没钱进电影院的人，自然也就没钱去买熨斗了。这就要出大问题了。

要弄清为什么人们买不起的东西（比如熨斗）越来越多，我们得仔细了解一下这个叫“危机”的问题。

# 什么是危机？

我们的工厂下一次来到市场的时候，它带了比以前多一倍的蒸汽熨斗，它心想:“那家工厂破产了。这太棒了！原来去那家买熨斗的客人，现在都得到我这里来买了。我将会比以前多一倍的客人，所以我带来的蒸汽熨斗也得比以前多一倍。”想象一下，当工厂发现大型综合市场上根本就没有人的时候，它是多么吃惊啊！几乎没有人再来买熨斗了。我们的工厂和它竞争对手之间上演的故事也在其他各个行业的工厂里发生。比如那些生产手枪的工厂。既然人们一周只能去看一次电影，或者根本就没钱进电影院，那么他们也就不愿意在熨斗上花钱了。他们就待在家里，在电视机上看电影，或者玩玩手机游戏。他们对自己说，这确实大不如以前了，不过总比什么也没有要好一点。其他人的情况更糟糕，他们不仅没钱去看电影，就连吃饭的钱也不够，只能饿肚子了！他们当中的一些人决定去买些番茄和鸡蛋，并把它们扔到工厂的墙上来发泄愤怒，这看起来似乎是个不错的主意。可是，这不是一家制作番茄酱的工厂，而是一家熨斗厂啊，所以这家工厂也就用不着番茄。那些愚蠢的熨斗上摔满了烂番茄。现在，这家工厂愚蠢地生产了比平常多一倍的熨斗。但是，它卖出去的熨斗数量却不能比平时多一倍；它唯一得到的是，比平时多一倍的债务。可以肯定的是，我们的工厂也破产了，就像之前那家工厂一样。然后，它解雇了所有制造熨斗的工人。

现在什么都没有了。没有工厂，没有机器，没有金属片，没有钉子，也没有制造熨斗的工人了。但是还有堆积成山的熨斗，却没有人来买。尽管没有发生可怕的大灾难——没有地震，没有战争，教皇也没有来——但是突然之间，大家就只能饿着肚子闲坐着，什么事情也做不了。有些人想把他们的熨斗炖来吃了，但事实证明，这根本就不能吃。“我们现在过得真是糟糕透顶了，”一个人说，“当初我们真不应该听工厂的！”另外一个人接着说：“你知道吗？事情就是这样！我们造出熨斗来，是想让它们来为我们服务的，但是它们现在变得耀武扬威起来，成了我们为它们服务了。现在我们要被这些该死的蒸汽熨斗害死了。”还有一个人非常生气地补充说：“我知道！这些不会说话的蠢东西，这是该死的物…物…物化。呸！”

大家围着熨斗坐下来，开始仔细考虑关于资本主义的问题，虽然有些迟，但他们终于认识到，现在的麻烦都是资本主义招惹来的。他们心里想：“好吧，情况并不是很妙。首

先，资本主义让我们大家不幸福，它还变得越来越过分。”有人大声地说出自己的看法：“还有一点，资本主义现在已经来了够久了——差不多有210年到500年了——我们真是受够了。我想要点新东西。是时候发生些变化了。”其他人问道：“是的，新东西！但这新东西是什么呢？”这时候，没人说话了，大家都开始考虑这个新东西应该是什么。每一个人都想知道答案是什么。

突然，他们想起来了。“是共产主义！”他们大声喊道，“就是这样！既然共产主义是那种能让我们不再吃资本主义苦头的社会，那就让我们来个共产主义试验吧！”人们懊恼地说：“哦，当然应该这样！”他们都拍拍自己的脑门，经人这么一说，这一点就再明显不过了。“我们以前怎么没想到呢？”

人们现在明白了两件事情。第一件是，资本主义不能让他们幸福起来；第二件是，共产主义却可以做到这一点。所以，他们决定引入共产主义。但这并不是容易的事情。因为真正的共产主义在人类历史上从来没有出现过，没有人知道它究竟是什么样子的。关于共产主义应该是个什么样子，人们倒是有各种各样的想法。如果说共产主义就是要让人们不再吃资本主义的苦头的话，哪一种共产主义能最大程度地让人们少受苦，那就是最好的共产主义了。为了搞清楚哪一种共产主义是最好的，人们就得看看，哪一种关于共产主义的想法能够把资本主义给人们带来的苦头，全部清除掉——不是清除三分之一，也不是清除一半。除非他们试验过，否则谁也不知道哪一种共产主义才是最好的。人们决定，“我们就一个一个地试验这些想法吧，然后看看结果怎么样。”这样，他们就开始着手做试验了。

# 怎么办？一号试验

人们说：“首先，我们最好想清楚到底是哪里出了差错。如果弄清楚这一点，我们就能做得更好。也别把所有的东西都一起改掉。”围坐在这堆熨斗旁边，他们认识到，虽然社会是很富有的，但是个人却什么也没有。多么遗憾呀！有这么多的熨斗堆在这里，但是却没有人能买得起它们。人们甚至连每周看两次电影的钱都掏不出来了。他们说：“就是这样！如果我们有更多的钱，我们就能买得起这些熨斗了。如果我们能买得起熨斗，那工厂就会有足够的钱来制造新熨斗了。这样，工厂就会需要新机器、新金属片和钉子，还有制造熨斗的工人……那我们就不会失业了。”他们之所以没有钱，就是因为工厂从他们手里把钱拿走了。那么，他们怎么才能弄到更多的钱呢？有人提议说：“既然工厂把我们的钱拿走了，那我们就应该把钱从工厂那里要回来。”另一个人说：“这是个不错的主意。但是，我们怎么才能做到这一点呢？”第三个人回答说：“对我们来说最好的办法是这样的，我们找一个巨大的锅，大家都往里面放点钱。钱多的多放，钱少的少放。然后大家把锅里的钱平分掉，但还有一种办法：钱少的多取一点，钱多的少取一点。”其他人说话了：“还有个更好的办法，我们干脆直接用锅里的钱来买下多余的熨斗算了。这样更简单些。”

然后他们就这样做了。每个人都往大锅里放钱，只不过他们管这个锅叫“国家”，这样听起来更好一些。现在大家都能一周去看两次电影了，不过这只是在理论上行得通。实际上，很多人还是只能一周去看一次电影，或者根本没钱去看电影。不过这没多大关系，因为这口大锅，更准确地说是这个国家，把多余的熨斗，还有每晚多余的电影票都买下来。这样还是会有人一无所有，但是不用担心，这口大锅里还有剩余。因为这口大锅，也就是国家，买下了人们所有买不起的东西，工厂就会一直有大量的钱，也就能为制作电影票和熨斗的工人提供大量的工作。大家也都很开心，因为他们能够每天都去工厂工作了。但是，“等一下，”有人插话说，“在工厂里工作无聊死了，就还是以前那些愚蠢的工作嘛！”没错，人们还是得听工厂的，让干什么就得干什么。所以说到底，这根本就没什么变化。人们摇着头说：“这不是我们想要的新东西。不不不，这不是共产主义。”

# 二号试验

人们坐下来，又开始仔细思量。那些熨斗现在是没有了，但是机器、工厂、金属片、钉子，这些东西都还在呀。大家坐在那里想了很久，最后有个人说："问题的关键不在于那些熨斗，而在于那些熨斗是怎样被制造出来的。光有工作还不够，还得看我们干的是哪一种工作。""是的，问题就在这里。"有人大声喊起来，"要是这工作我不喜欢，就算有工作又能怎么样？我干嘛非得每天一个人绕着圈子跑来跑去的？我的邻居为什么非得天天晚上跟一群人围着桌子工作？那边那个女人又为什么天天要思考问题而老板却可以玩乐？"大家纷纷表示同意："不能再这么下去了，我们不需要让工厂来吩咐我们什么时候干、怎么干、要干多久。从现在开始，我们自己要当家做主。"

然后他们就这样去做了。人们回到了自己的工厂。只不过，他们现在不再听工厂的安排了，而是按照自己的想法来干活。为了表示工厂现在是属于他们的，他们在工厂的窗户外挂了个黑红相间的小旗子。每天早上，他们都会围坐成一

HUS
SCHNUP

个大圈，商量这一天要干些什么。每个人都可以选那些自己最想干的活，大家可以做任何事情。那里再也没有老板了。大家可是花了一些时间来学会所有的技能：弯金属片、锤钉子，还有思考。要是光干一种活的话，那还更容易一点。但是大家还是在一点一点的学习。没过多久，工厂第一批熨斗生产出来了。所有的熨斗都是大家精心打磨出来的。每一个熨斗看起来都和其他熨斗不一样。在有些熨斗上，还印上了小爱心和小星星。

过了一些日子，等足够的熨斗被生产出来之后，工人们想：现在是时候把这些熨斗拿到市场上去出售了。因为他们做了太多的熨斗，自己已经用不完啦！而现在工厂里没有专门的售货员，所以工人们只得从他们当中挑选出两个人去市场上卖熨斗。但是人们商定，下一次得派别的人去当售货员，大家都要轮流去。

第二天，这两个被挑选出来当售货员的工人带着蒸汽熨斗来到了市场上，但是，当他们到了市场之后却发现，另外一家熨斗厂也有两名工人在卖熨斗。而且，那家工厂卖的熨斗也比自己家的便宜。“这不可能！”我们的售货员叫喊起来，“这太不公平了！”他们跑到那家工厂的柜台边上，试图劝说那家的售货员把熨斗的价格卖得高一点。可那家的售货员却不理会他们的要求，并且反驳说：“我们现在都自由了。这是我们自己的工厂，我们自己来决定熨斗到底该卖什么样

的价格。而且，我们来市场走的路要比你们远，我们还花了些路费，要不熨斗的价格还要便宜呢。”

我们的售货员非常伤心地回家了。他们把其他工人都叫到一起，讲了今天在市场上发生的事情。大家当然也都感到很难过。“哦，天啊！为了我们的工厂不破产，我们也得把熨斗造得更便宜一些，要不就没人来买我们的熨斗了。”在这之前，制造熨斗的工人把自己的钱都放到了一个小锅里面，大家都从里面拿同样多的钱。要是他们现在降低熨斗价格的话，那他们以后拿到的钱就要变少了。为了省钱，他们决定辞退两个制造熨斗的工人伙伴。他们嘀咕着：“事情到了这一步，我们可不可以选出一个人来当老板，由他来告诉我们下一步该怎么办，这样可能会好一些。老板不一定非得是同一个人。”然后他们选出了他们其中一个人来当老板。为了公平起见，他们用抓阄的方法决定，哪两个人要被辞退。

第二天，那两个运气不好的工人就收拾了自己的东西，准备离开工厂。其他工人都来为他们送行，大家挥着手帕给那两个人说再见。虽然大家都难过得哭了，但那两个人还是必须要离开。这都是没有办法的事情。他俩恐怕得去生产手枪的工厂去碰碰运气，据说那里还有些工作机会。

工人们又凑到一起，仔细地想这段时间发生的事情：“这些情况我们之前可没有想到。在工厂里面，我们虽然是自由的，我们一起商量每天要干些什么。但是在市场上，我们还是不得不要和其他工厂竞争。为了让我们的熨斗卖出去，就得让其他人受苦。我们确实能决定自己该怎样工作，这一点没错。但是，我们却决定不了我们要生产什么，生产多少。这不是我们能决定的。”大家摇着头说：“不不不，这不是共产主义。”

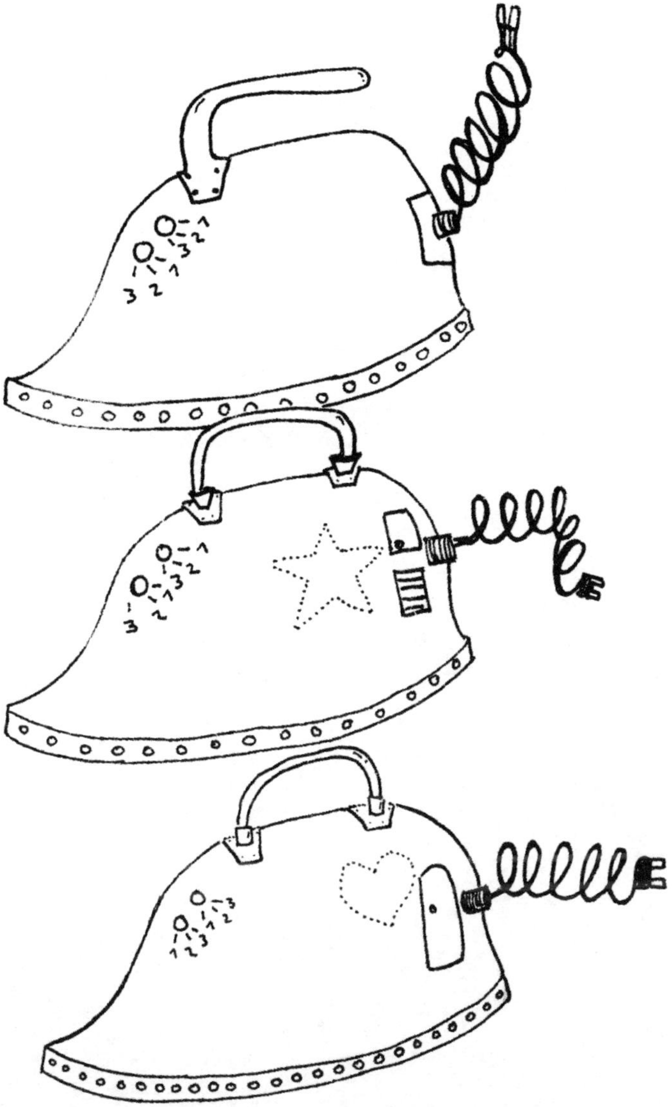

# 三号试验

人们又坐在一起，试着想出个好办法来。就在这个时候，周围的人越来越多。有我们这家熨斗制造厂的工人，有其他熨斗制造厂的工人，还有电影票印制厂、手枪制造厂等其他工厂的人都来了！现在人太多了，你必须要大声喊，才能让别人听到你在说什么。不仅如此，不知怎么回事，大家现在想的都不一样了，大家都变了。因为没有老板，他们都是自己决定所有的事情。现在他们变得比以前聪明多了。因为他们都是每天早上一起决定要干些什么，所以他们也就学会了先听听其他人怎么说。如果某个人不喜欢干某项工作，他/她就会直接拒绝。没有人再去为别人考虑，每个人都只考虑自己。没过多久，关于怎么实现共产主义，有人就开始发表评论了。有个人说："在我们的工厂，事情开展得很顺利。我们大家在一起充分讨论，共同来决定工厂里大大小小的事情。我们不再听工厂的了，现在工厂是听我们的。"

另一个人插话说："但是在市场上，情况就完全不一样了。在市场上，人们说话都是这样的：'请给我拿一个熨斗'

或者‘这个熨斗多少钱？’或者‘你们这里有某种型号的熨斗吗？’我们的回答是这样的：‘当然可以’或者‘这个熨斗非常贵’或者‘实在抱歉，我们没有这种型号的熨斗’。所有的事情都是围着‘熨斗’在打转，熨斗就是一种‘物’嘛”。这一下子惹怒了大家，因为他们不想再成为奴隶，特别是“物”的奴隶。

他们接着说：“我们其实不知道该生产多少熨斗，也不知道要制作多少电影票，因为我们都不知道人们到底需要多少。”其他人说：“是的，有些工厂运气好，他们正好生产了人们需要的数量。其他工厂运气就差多了，根本没人来买他们的产品。这就是为什么有的人越来越富，有的人就越来越穷。”这太不公平了。大家之前为了能拿到同样多的钱，在各自的工厂里特别设计了一些小锅，要多一起多，要少一起少，这也快让大家发疯了。说到锅，大家突然想到了一个主意。人们还有“国家”那个大锅呢，最近也没有人使用了。大家叫起来：“我们还有那口大锅呢！我们为什么不把自己所有的钱都放到大锅里，而且规定每个人从里面拿同样多的钱呢？”其他人大声喊道：“这是个好主意，这才是真正的公平！”“但是，我们也得把事情安排得更妥当一点。如果我们只是到了市场上才知道我们的产品是不是大家真正需要的，这就已经太晚了。如果掌管大锅里钱的人，也能够推算出我们需要什么东西，这就更好了。这样，他们就能告诉工人们到底要生产什么，还有生产多少。”

然后他们就这样做了。当人们第二天中午到工厂的时候，发现那里有一个很长很长的愿望清单，这是掌管大锅的那些人放在那里的。每个人都可以在上面写下自己需要的东西。等大家写好后，掌管大锅的人就会整理这些愿望清单，把大家写在上面的东西一项项都统计好。然后，他们告诉所有工厂人们需要生产什么，以及各种东西需要生产多少。到月底的时候，大家都从大锅里拿到了同样多的钱。人们更愿意管这口大锅叫“大锅”，而不是叫“国家”，因为这本来就只是一口大锅而已嘛。有了从大锅里拿到的钱，每个人都可以买到同样多的东西。从现在开始，有的人一周看五次电影而有的人一周只能看一次电影的情况，再也没有了。人们现在一周都能去看五次电影。大家都很喜欢这个主意，因为大家都喜欢去看电影。白天的时候，人们把晚上要吃的东西准备好。掌管大锅的人仔细打理着这些事情。这样的日子人们过了很久。

但终于有一天，掌管大锅的人开始讨厌打理这些愿望清单了。他们所能提供的东西，远远满足不了人们的需要。这是因为根本生产不了那么多的东西，但是人们的需要又总是在增长。于是，掌管大锅的人就告诉工人们要更加努力的工作，而且每天要多干些时间，这样才能生产出足够多的东西，来满足所有的愿望清单。与此同时，愿望清单变得越来越长，人们的需求越来越多。既然人们有这么多的需求，那就要不停地工作。不光是要不停地工作，还得更加辛苦，更加快地工作才行。工人开始抱怨起来，因为这样的话，他们就没时间在工作的时候玩会儿骰子或打个瞌睡了。不知不觉中，现在的工作变得累人又无趣，和原来的资本主义没什么两样了。

在这个时候，人们其实可以聚在一起交流一下："我们不想工作得这么辛苦。我们为什么不能减少一点我们的需求呢？这样我们就不用每天像这样累得半死了。"但是人们聚会的地方，也就是工厂和电影院，人们在这两个地方往往更愿意谈论些其他的东西。而愿望这种东西，人们还是愿意直接写在清单上。他们不再聚在一起共同决定需要些什么东西；也不再一起商量着要生产多少东西。每个人都自行其是，也就没人去考虑减少点需求这件事情了。他们都想当然地认为，其他人需要很多很多的东西，所以不管怎么样，他们都得多干活。

只有那些掌管大锅的人，才清楚人们现在想要些什么，以及需要制造多少东西。由于掌管大锅的人也有自己的愿望，他们就利用职务之便，把他们个人的愿望往前排。刚开始的时候，他们只是偶尔这样做一次，还得是秘密地干。但是后来他们的胆子越来越大，直到最后这已经成为一种习惯了。这样下来，总是他们这些人的愿望得到最大程度的满足。因为只有这些人知道大家的愿望和需求，所以他们能够很轻易

地决定生产什么，以及生产多少。他们就这样变得越来越富有，权力也越来越大，而与此同时，工人们工作的时间越来越长，也越来越辛苦，但是他们的需求却越来越得不到满足。

于是人们就说："现在的情况跟我们的预想并不一样。我们原本是想大家一起来做决定。但是现在，那些掌管大锅的人却包办一切了。咱们之间也没有商量，就只是各自去清单上写下自己的愿望。""就是这样"，其他人都愤怒地附和说，这一激动，让他们的背又痛了起来。这段日子以来，由于没日没夜的干活，他们的背经常又酸又痛的。"我们现在不用再做物的奴隶了，可又成了人的奴隶。这并没有变得更好呀。这不是我们想要的新东西。"人们摇着头说。"不不不，这不是共产主义。"

Wunschzettel!

# 四号试验

人们又一次坐在了一起，这次是在电影院里面。但是今天没有播放电影，因为他们需要好好思考和交流。看来，要实现共产主义真不是容易的事情。人们是这么想的："这确实是件不容易的事情。我们要想不做物的奴隶，首先得不再做人的奴隶。"另一个人说，"是的，共产主义社会应该是不让人们再吃资本主义的苦头。但是，我们要是不认真谋划一下的话，可能把旧社会那些苦头又招回来了。那些掌管大锅的人，和以前的那些公主没什么两样。"他们陷入了沉思，在想如何才能不再做别人的奴隶，不管他们是掌管大锅的人，还是老板，还是什么公主。有人说："能制造出这么多东西，满足我们那么多愿望确实很棒，但就是工作累死人了。"其他人建议说："那让我们来摆脱工作吧。"有人接着说："好主意！我们之前怎么没想到呢？让机器代替我们干活吧！"

然后他们就这样做了。现在机器代替人们来干活了。既然人们不再害怕失业，那机器就算把活全干了也就没什么了。实际上，他们还盼着这一天呢，现在他们有更多空闲的时间来享受了。人们喊道:“我们做了一辈子工人。从现在开始,我们尽情地找乐子吧!”每个人都变得很富有。越来越多的东西被生产出来,既有原来只有超级富人才能享受的物品,也有在资本主义社会大家根本想象不到的东西。大家都变成了找乐子的行家,但与此同时,他们也开始变得懒惰起来。大家相互见不着面,也就不再讨论些什么东西。毕竟,还有什么需要讨论的呢?机器现在能打理所有的事情了。大家就这么每天无聊地躺着。他们一张嘴,葡萄汁和烤乳鸽就直接从天上掉到他们的嘴巴里。但是人们并不像想象中那样开心。

就在人们躺着的时候,他们意识到:所有的事情又都围着“物”在打转了!人们只关心有没有足够的东西来满足自己的需求。而他们之前在工厂里训练出来的了不起的手艺,现在都忘得一干二净了。人们抱怨说:“我们想什么事情都自己动手,自己当家做主,不再受任何东西或者人物的控制。但是现在,我们再也不会一起做事了,大家都只和他们的那些东西有交流。”人们又摇起来头。“不不……”但是接下来的话他们已经说不出来了。因为他们一开口,一只烤乳鸽就掉进嘴里了。

# 五号试验

人们躺在地上，身边堆满了烤乳鸽，葡萄汁流得到处都是，还有成堆的电影票。他们慢慢地挣扎着站起来，又开始苦思冥想了。可是现在他们几乎想不出什么主意了，人们又变得和以前资本主义那会是一样蠢笨了。看来，他们之前的建议并不怎么样。有人说："我明白了，当大家都拿同样多东西的时候，就没人愿意去干活了。我们就是这样变懒的。解决办法也很简单：多劳多得，少劳少得。"

其他人也没有着急答应。人们正在慢慢清醒过来。当感觉到有些不对劲的时候，有人说话了："这可不是个好主意。有些人因为各种原因，不能和其他人一样干同样重的活。而且每个人的需求也不一样，有的人需要的多，有的人需要的少。如果有人因为能干点重活或者干活快点，就比别人拿更多的东西，这不公平！"

另一个人说："是的。而且，那样的话，所有的事情又都开始围着这些愚蠢的东西在打转了：我们会斤斤计较，谁干了什么，谁拿了多少。我们还是忘了最主要的问题：我们到底想要什么样的生活？”人们都发起脾气来，一气之下用锤头把周围这些东西都砸烂了。这可花了不少时间，因为他们身边的东西实在太多了。

当他们干完这些的时候，都已经累得精疲力尽了，不得不坐下来休息一下。但是，这次人们不是坐在成堆的熨斗上，也不是烤乳鸽上，也不是电影票上。而是坐在了砸烂的熨斗，压扁的烤乳鸽，撕碎的电影票上。这种滋味可不好受。从远处看过去，人们之间都鞠着躬，好像现在人们变得非常有礼貌似的。但走近了一瞧，大家原来是弯着腰在垃圾堆找些杂草和浆果来填饱肚子呢。事实就是，一旦没了这些东西，人们一下子就会变得非常穷。要想填饱肚子，只能找些野生浆果来吃了。人们站起来，揉了揉酸痛的背。人们摇着头说：“这不是我们想要的新东西呀。不不不，这不是共产主义。”

# 六号试验

最后，人们都厌倦了这些试验。他们又坐下来，静静地想了好长一阵子。在这之前，他们铺设了很长的电话线和功能强大的网络服务器，这样全世界的人都能参与进来讨论，大家一起来做决定。经过几天热烈的讨论，这就是他们的意见：“好吧，共产主义社会能让人不再吃资本主义的苦头。这就是说，我们消灭资本主义带来的全部苦头，不能是三分之一，也不能是一半。这不会很难吧。”电话里面滋滋啦啦地传来另外一组人的声音：“是的，没错。我们实际上都快要干成了。但是，我们必须要保证，我们不能做什么人的奴隶，也不能做什么东西的奴隶。不光不能做工厂的奴隶，蒸汽熨斗、市场、电影票的奴隶，也统统不能做。”又有一组人问道：“好吧，但是我们应该怎么做呢？”全世界的人实在太多了，这样的对话没完没了。“当我们把所有的东西都砸烂以后，我们的情况其实是更糟了。”

说到这一点，又是好长一段时间的沉默，人们都苦思冥想起来。突然，他们想到了一个主意：“是的，这就像占卜盘的那个例子。杯子并没有什么魔力，我们自己也没有魔力。杯子能动起来，不是因为什么看不见的手，而是我们一起合作的结果。”其他人激动地说：“是的，就是这样的。我们大家一起合作创造了所有的东西——工厂、熨斗和电影票都是被我们创造出来的。所有这些东西是我们的一部分，就像我们是它们的一部分一样。这就是说，我们可以随时按照自己的意思，来改变它们。”

人们欢呼起来：“就得这样！从现在开始，再也不会有什么制造熨斗的工人、制作影票的工人和制造手枪的工人了。不再有工厂工人了，而是人工工厂；也不再有机器工人了，而是人工机器！人们不必非得在一家工厂工作。大家想干什么就干什么，想住在哪里就住在哪里。”

然后他们就这样做了。人们现在可以尝试做任何事情。他们和这个星球上的人，一起玩一起学习，因为他们想要弄清楚所有的事情。如果有什么事情看起来有害，他们就改变它。这个工作，干起来不容易，可也没那么难。现在，所有的事情都要大家一起开会来解决。因为他们要讨论的事情实在太多了，所以他们几乎天天开会。他们可不想把事情留给那些掌管大锅的人来做决定——虽然那些人都已经不存在了。人们现在按照自己的意思，来改变他们想要改变的任何事情。有人说：“我们现在一起决定我们需要些什么，然后看看谁想来做。”其他人回答说：“不对，刚好相反，我们首先得搞清

楚，我们想工作多长时间，工作效率怎么样，或者我们究竟是不是想工作。然后再来看看，这种工作状态都能满足我们什么需要。”就像你看到的那样，人们总是不能达成一致的意见。你甚至可以说，他们现在有很多不同的意见，这些不同意见可比以前多多了。但是他们还能应付得过来。大家有这么多不同的意见，这一点甚至让他们有点高兴。要不然的话，这很快就会变成一件无聊的事情了。最后，人们停止摇头，也不再说“不”，他们开始说：“喂？”

喂！说你呢，那边那个。

什么？是我吗？

我简直都不能相信自己的眼睛了。有人站在这页纸的下面，正在那里盯着我看呢。他们嘴里喊着什么东西。有些人看起来还很生气呢。

对，就说你呢！别再讲我们的故事了！下一步该怎么办，由我们自己来决定。因为这是我们的故事，我们正在创造历史呢。

# 结语：共产主义欲望

“历史终结论”已经破产。当弗朗西斯·福山 (Francis Fukuyama) 在 1992 年宣布“历史的终结”时，他只是想表达：除了自由资本主义之外，历史没有其他选择。1994 年的墨西哥萨帕塔民族解放运动、1999 年西雅图的反全球化运动、2001 年意大利热那亚的反全球化事件，尽管这一系列事件并未挑战资产阶级意识形态，但这一系列事件却给予“历史终结论”一个不可否认的事实。甚至对这种历史观点的批判，似乎也证实了它的真实性。“另一个世界是可能的”这个口号，在历史上从来没有像现在一样，成功地吸引了人们走上街头。其他时代的紧迫问题是：在可能的世界中，哪一个世界是最理想的，当理想世界最终到来时，普遍的问题是：是否会有另一种选择呢？历史的终结描绘了苏联解体后出现的一个世界历史现实，这一现实在 10 年后的 2001 年 9 月 11 日再次被证实。它改变了相互竞争的政治愿景使自己合法化的中心动机：与其追求一个更好的未来，不如担心现状的恶化。大多数人的生活持续恶化，这一现状似乎将在时代的地平线上永远延伸开去。

当我生活在“历史终结论”的时刻，我怎么能写关于史前历史的终结，关于共产主义？我又怎么能在后共产主义时代谈论共产主义，而不屈服于无力的哀婉？这些问题使得本书在2004年德国首次出版时就富有生气。在相当长的一段时间里，历史并没有站在共产主义者的一边。关于胜利的客观声音已经逝去了，没有人认为历史规律和自然规律是相互关联的。煽动宣言的说教语言与古老革命歌谣的情节早已沉淀在历史垃圾箱里。历史的客观过程不过是一种失败的经历，没有人愿意被伟大的姿态牵着鼻子走。这就是宏大叙事结尾的真相：冲动的姿势与喧嚣的声音冲击着宫殿栏杆，很容易地就将宫殿栏杆的边缘冲倒在庭院里，然而却没有观众在等待缓冲。没有观众的时候就不需要临时表演台。

1990年后，气氛发生了改变。反共产主义不再是反对共产主义文本的主要意识形态。第一次，人们不必携带知识武器参加阶级斗争。共产主义是否会成为一个更美好、更公平、更有效、更理性的社会形式，不再被列入议程，因为共产主义本身已不在议程里。在试图证明共产主义是可行之前，首先须把共产主义呈现出来。为了令人满意，共产主义需要能被想象出来。

如果“共产主义是扬弃现存状况的现实运动”，那么在没有这种运动的情况下，现实又会成为什么样子呢？共产主义批评运动在找不到足够的共产主义运动时，会做些什么呢？难道它不应该放弃纯粹批评的禁欲主义吗？难道它不应该给一个人工假体找一个无实体理论：人是由硅和金属制成的？历史的紧要关头迫使我们将共产主义的语言重新回到日常生活的平庸里，走向有形的东西。如果共产主义的批评渴望超越它的痛苦否定的习惯，那么它就需要在分析手术刀和修辞炸药的工具箱里添加一份欲望蓝图。它需要产生欲望——共产主义的欲望。

这不会陷入乌托邦的陷阱吗？难道一个对美好生活的渴望，不是总是由现在所建构的条件塑造的吗？即使愿望、梦想、想法和需求能够满足社会的矛盾与发展进步的“盈余”，这一切也不能完全从他们所依赖的物质条件中解放出来。这一切也不可能真正成为不同的现实，不同社会组织的思想，想法和形象。因此，共产主义是什么以及共产主义将会是什么样的问题，过早地被怀疑是将现状扩展到目前的边界之外。乌托邦式的幻想是危险的，因为它将会使计划变得可行，理想变为现实，蓝图成为典范，描述受制于处方。

我们不应该回避这个问题。目前的世界形势迫使我们构建一种欲望，能够令一个更美好世界的图像出现在我们生活的方方面面：从地铁、服务工作到全球贫困等各种各样的日常生活中。在每一次社会痛苦的时刻，这一欲望都需要更好的生活方式。与此同时，利用我们最广泛的历史知识和最深刻的理论批评，我们必须不断拷问自己，这样的欲望可能会导致怎样的结果。也许某种预言性的假体被要求将共产主义欲望转变成共产主义的愿望。然而，这一愿望只有在面对所有的统治和面对每一个妥协的情况下，一次又一次地证明可以得到更多的希望，我们才可以称之为“共产主义”。

## 未来的冲突——冲突的未来

共产主义是什么？在这个社会里，每个人都得到相同的工资，资产阶级承诺的平等在物质上可以被兑现？正如一些批评人士所认为的那样，共产主义社会把一切都变成了最低公分母的空洞平等，奖励了那些懒惰的人，通过取消“绩效激励”（正如我们在一号试验中看到的那样）阻碍工作努力的人？或者更确切地说，共产主义是一个社会，生产资料被共享，包括那些使用它们的人的财产？共产主义是一个每个人都能自主生产并公平交易的社会吗，因为钱被废除了（二号试验）？或者共产主义是一个阶级差异被消灭的社会，因为它废除了生产资料的所有权？共产主义社会，每个人都能得到社会的财富，就像他们对生产的贡献一样，“劳动的收益”——没有减少或剥削？在共产主义社会，工人们拥有一切，一个工人社会（三号试验）？或者，共产主义社会，告别了那些在资本主义商品中支配人们生活的过剩的、被异化的、分散了人们的注意力的消费品？或许，共产主义是一个将人们的真实需求置于提高生产力之上的社会（五号试验）？或者，再一次，共产主义可能是一个社会，在这个社会里，政治被削弱，仅仅成为“事物的管理”？也许，因为贫穷已经被废除，财富从每一个可能的来源中迸发出来，并且再没有任何关于分配的斗争了？共产主义社会将劳动的斗争带到历史终点，并实现了所有人的奢侈：在那里，香槟流和分子餐点直接飞入懒人张开的嘴中（四号试验）？共产主义实际上是一个没有冲突，和谐、停滞的社会？又或者共产主义社会，前历史已经结束，人类历史开始，人们开始有意识地创造自己的历史？共产主义是政治的开端吗？它潜在地决定着我们的命运，使我们不受死劳动、经济约束和自治结构的支配（六号试验）？那么，共产主义是一个激进的民主社会吗？共产主义是个体自我的崩溃，个体孤立的终结吗？共产主义会将特殊归入普遍吗？或者，它打破了强制的认同，并暂停盲目平均的规则来释放不一样东西吗？我们作为人类的集体主体，通过共产主义，最终认识到我们自己的存在是为了占有一个实际上属于我们的创造的世界？又或者，共产主义是一个既不能生产也不能提供任何共有工作的社会，因为它不包含任何人类本质的痕迹来实现或代表？这是一个学会接受而非控制社会无效利用率的社会吗？因此，共产主义不是一种拨款，而是一种“旧时的拨款”，没有中心，没有任何形式——一个没有任何统一体的社区——事物、人、动物和其他人以新的方式联系在一起？

与此同时，共产主义的概念成倍增长。在一个共产主义中，多个共产主义盛开。这并不是说真正的共产主义多元化，而是告诉我们共产主义的概念本身是有争议的——它是政治冲突的一个领域。所有这些相互矛盾的共产主义概念已经或者正在被自由主义者、专制的共产主义者、社会主义者和无政府主义者所代表。不可否认的是，共产主义不仅是对在关于未来的斗争中资本主义的否定，从一开始共产主义就与对其他形式的社会主义和其他社会主义乌托邦的批判交织在一起。

尽管如此，或者正因如此，所有人都同意共产主义寻求否定，而不仅仅是减少资本主义社会所释放的痛苦。各种反资本主义乌托邦可以根据每个建议的原像仍然植根于资本主义模型的程度进行重构。当对乌托邦特定形象的批判仍然局限于资本主义的视角时，乌托邦就会不情愿地表现为维持现状。当一种批判将资本主义的某一特定时刻理想化，并与资本主义的其他时刻相对立，从而使它的有害特性变得不清晰，这种情况就会发生。因此，反资本主义的乌托邦可以根据以下问题大致地加以区分：他们追寻的理想以及资本主义经济的哪个领域作为这个理想的模板？

## 批判的批判，否定之否定——循环

对资本主义的批判，根据内在的经典批评形式，其标准是简单商品生产函数的理想。它比较了法国大革命自由平等的理想，尽管这些自由与平等并未实现。在这方面，在资产阶级经济的基础上，完成了对资产阶级经济的批判。正如Nadja Rakowitz所揭示的，这种自由的基本概念是自由主义的，是资产阶级的，它是个人的消极自由，是从集体强制与合作中解脱出来的自由。如果自由的概念被积极地界定，那么它只被认为是消费自由或生产自由。这种观点认为，每个人都可以自由决定他们消费和生产的产品，不受社会习俗和计划的影响。此外，在这一批评中，对平等的理解建立在等价的基础上，或者从经济上说，基于平衡。中立的商品拥有者之间相互对立，供给和需求理想地平衡，这就是一种平等。作为一种从流通领域角度出发的批判，资本主义的核心问题恰恰产生于资产阶级社会中现实与理想的巨大鸿沟。这一批评仍然涉及交换和价值的概念，并且以出售生产为前提：私人生产别人消费的东西，以及私人消费别人生产的东西。因此，它掌握了作为等价交换的劳动力商品的买卖。在一天结束之际，“循环主义者”对资本主义的批判只能谴责“剩余价值”的起源是一种欺诈，它违反了等价定律。这种欺诈行为的始作俑者通常被认定为金钱或金融市场，其内部的动态导致贫富差距的鸿沟不断扩大。

我们不需要放弃经济学就可以看到这个立场是站不住脚的。循环主义的问题在于它对市场的依赖。因为产品的价值只有在生产后才能实现，在销售之时，总是有可能发生危机。在以市场为基础的生产条件下，社会对某一商品需求的客观存在与需求程度在市场本身中才显现出来。当经济微积分失灵时，私人生产商马上就会面临崩溃的威胁，最终破产。一系列资本主义危机的后果包括了经济停滞、生产过剩、积累过剩等的可能性，这些我们先按下不表，现在，我们要讨论的问题是，剩余价值的生产和阶级的再生产问题，而这些问题在这里却根未涉及到。这些生产连同私人生产一起，产生了持续不断的竞争。为了要超越竞争对手，降低工资水平，不仅鼓励尽可能地降低生产成本，而且必须强制这样做。总而言之，是要在不断扩大的积累过程中展开行动。简而言之，通过消除或调节资金，循环论者最终会复制他们曾经废除的一切。

市场的肯定驱使循环主义者的批评被慷慨地解读为：对强制集体化的强烈不信任或集体对个人任何计划的攻击。在流通领域里，人与人之间自由平等地相遇交往，这被认为是个人自由的保证。这就是商品拜物教，它消解了生产和再生产的社会性，诱使我们将两者仅仅视为技术经济的先决条件。这种拜物教的视角隐藏了市场是如何暂停个人的、具体的权力形式的，用一种抽象的权力来取代它们。商品生产非但没有减少个人之间的依赖，还放大并使之全球化。然而，这种相互依存的关系虽然得到了具体化，但人们不理解甚至无法察觉他们之间的关系，所以人们无法塑造这些关系。一些社会上自由主义理论家们把资本主义的社会秩序进行的全面改变或民主重新设计的目标，怀疑为“极权主义”并非没有历史依据。因为他们不想承认他们的平等和自由的理想本质上是资产阶级和资本主义的，然而，这些的理论家仍然无法掌握资本主义经济其他领域的流通中介。在这样做的同时，他们再现了流通领域里占支配地位的所有关系。

## 生产

最主要的反资本主义批判来自于生产领域。虽然循环论的代表主要来自左翼自由主义领域，而且经常是反共产主义的。但对生产的盲目崇拜，传统上讲，是一种国家社会主义的现象。在它的经典版本中，对资本主义的生产主义批判是一种二元的、无介质的劳动与资本之间的对抗。从其具体的资本决定形式抽象出来，“劳动”被认为是具有历史和人类学

意义的东西，有各种各样的不可避免的、进步的和世界历史的力量。相比之下，资本被认为是非生产性的，正如非劳动一样除了不公平地无偿占有工人阶级的剩余劳动以外什么也没做。因此，这种批判的中心范畴是剥削，是可分配的。克服资本主义通过资产阶级的司法措施和国家征用来实现，社会的非生产性要素被消除，所有人都成为工人。

这种观点排除了将劳动本身视为由资本决定的可能性，它也禁止考虑除法律或道德条件以外的任何其他用途。生产力和生产关系的矛盾，就像劳资关系一样，被简化为财产关系。因此，无论是资本主义劳动的具体性质，还是剩余价值生产，都没有受到质疑。在传统的共产主义中，莫伊·波斯通展示了核心资本主义如何在相对完整的情况下生存下来。劳动，虽然是抽象的概念，但并不是一种历史实践。相反，劳动只有在资本主义生产方式出现后才成为一个普遍的社会现实。直到工厂的兴起，规范的工作场所和工作时间才能使生活和劳动领域分开。抽象的时间独立于季节、天气、传统习俗、劳动对象的特殊需要等方面，是该部分不可缺少的条件。其执行的历史与纪律的历史紧密联系。然而，抽象劳动不仅仅依赖于区别于闲暇时间的工作时间划分，它还取决于生产与再生产的分离。资本主义条件下劳动的发展伴随着两个独立领域的形成：生产和再生产。这反过来又需要两种不同的知识、活动和影响的社会复合体。随之而来的是两种截然不同的主体性，性别和二分法。

劳动的去历史化意味着采取一种历史上特定的劳动形式，即劳动的资本主义形式作为本体论。事实上，只有资本主义才有可能说“劳动”。抽象劳动的抽象意味着从其他领域和资本主义的其他时刻(例如：再生产)中分离出来的，在抽象的时间的限制下，在精确程度上是可量化和可测量的。抽象时间假定了价值和等价的逻辑以及随之而来的资产阶级平等和正义的概念。此外，劳动在历史上被抽象出来，就像一件东西清空了它所有的非工具性时刻。一切不服务于剩余价值生产的东西都必须被抽象出来。传统的马克思主义试图将“劳动”作为资本的积极对立面，改变资本主义社会的一个时刻。然而，这一时刻是由资本主义建构并遵循其规律的。

## 消费

与生产主义的反资本主义相比，从消费的角度出发批判资本主义是相对较新的。消费首先对 19 世纪的巴黎波希米亚人产生了重要的影响，后来又成为 20 世纪 20 年代的文化批评家专注的事情，最终随着福特主义的发展才成为整个无产阶级的群众现象。事实上，它只是与 20 世纪 60 年代和 70 年

代的福特主义危机同时发生的，当时的商品形式成为了一种革命性的幸福承诺，超越了以家庭、电视和汽车为目标的一体化工人阶级的小资产阶级理想。当二战后资本主义制度的新的积累陷入危机时，定义资本主义的新教徒式的、普鲁士式的社会节俭也随之陷入危机。“一场文化大革命”催生了它，为资本和批评家打开了新的扩张渠道。围绕着性和享乐主义的禁忌产生了新的市场、新的营销策略与新的积累循环。对再生产前所未有的重视开辟了政治斗争的新领域，尤其是家庭。与此同时，转向再生产无疑是工厂内部失败的历史影响。正如Katja Diefenbach所示，“消费主义者”对资本主义的批判存在于反抗与融合的交汇点。

从消费的角度来批判资本主义，认为对资本主义的批判不应该落后于其取得的成就。这就是为什么它反对所有清教徒、禁欲和生态理想。“工作权利”的社会民主口号被转变为“懒惰的权利”。它没有要求充分就业，而是要求完全失业，普遍的基本收入，以及更多的自由时间。相应地，这种观点欢迎生产的机械化和全面的自动化，因为它通过扩大生产和减少劳动时间来扩大消费的可能性。消费主义批判的主线是指责资本主义不能履行向群众承诺的幸福。

虽然“人人享有奢华”的口号批评了世界人口的大多数被排除在社会财富之外，但它并没有把这种财富的具体形式确定下来。不仅健康和生态问题被忽视，最重要的是，这种方法默许了消费者消费，消费的个人主义，以及消费和生产领域的分离。通过接受这种分离，这一观点错误地解放了机械化，因为它忽略了控制、建设和编程的关键问题。然而，消费领域、流通领域和生产领域一样，都是现代资本主义的产物。客观地说，它的建设是为了定位所有生产商品的需求，即保持积累。主观上，它的存在是异化劳动的补偿。虽然劳动往往被解释为纯粹的努力、劳动或责任，但消费者似乎是一个女王，他们的选择自由仅仅是以数量限制，金钱。消费者选择的质量限制只能表示为：买、不买、偷。虽然劳动是由从属于生产过程压力的等级制造成的，但货币商品的拥有者可以控制其他人的劳动时间。这就是为什么金钱对男性自主权充满了迷恋。资本将所有的产品都塑造成商品，无论是在其特定的耐用性、质量和特性上，还是在品牌的象征意义上。消费作为一个从生产中分离出来领域，对消费的上瘾，从根本上与社会全面解放发生了冲突。从消费的角度批判资本主义，扩大了以商品的方式接受幸福承诺的意识形态功能。我们的目标是集体地改变所有的社会领域，以便逃离那些购物中心或电视的“休闲时间”——将其以压倒性的优势减至最低。

## 未来的观点

这样就结束了对批判的批判。我们根据各种不足之处对资本主义和相关（共产主义）乌托邦的各种批评进行了分类。每一种批判都可以从共产主义的立场来批判，只因为他们都从资本主义的立场出发来批评资本主义——无论是流通、生产还是消费。然而，我们自己的分类和批判本身也有一个立场。我们的立场是什么？这个提议的共产主义立场是什么样的，这是资本主义找不到的立场？如果一个人能站在此立场，那它是一个坚实的立足点吗？又或者，这些静态的术语完全不适合共产主义批判的运动，一种前进的、向后漂移、向侧面攻击、从任何固定位置跳跃的批评形式？

在阿多诺的《最低限度的道德》一书里里，阿多诺对这个立场的规范性问题给予了一个矛盾的答案。他写道："面对绝望时，唯一能负责任地实践的哲学是试图从救赎的角度来思考所有的事情。"这是"完全不可能的事情，因为它预先假定了一个立场，即使是在一个头发的宽度，从存在的范围。"这一观点并没有彻底否定这一立场，而是将其从过去、原始共产主义或母系氏族社会中分离出来。此外，这一观点拒绝在自然界或人类学的基础上被超越。相反，我们唯一可能的

立场是未来。人们希望，资本主义社会的荒谬和不必要的野蛮行为将会像二元性别体系或地球的平坦一样，向我们的后人传播。对于阿多诺来说，对未来的需求是解放的，因为它是无法实现的。不可侵犯的未来使我们不去想我们的思想不受现在的约束。这种自由的概念，为资产阶级社会的范围扩大提供了基础。思想必须以可能的方式去理解它自己的不可能。“外部的观点不能被采纳，但必须被采纳，这一矛盾可以保护我们免受我们自己的批评，从而使我们从乌托邦主义的幻想中拯救出来：我们已经在这里展示的幻想，在这里和现在，是一个自由社会的样子。”简而言之，共产主义立场的不可实现性使它无法占领资本主义的地位。但是这种保护有多安全呢？阿多诺宣布的这个现在是未来吗？现在不断掌握未来，就像过去一直掌握现在一样吗？未来的概念是否会随着现在的变化而不断变化？

转变是未来的产物，是一种可能性的实现，也是可能的创造和排除。如果救赎的未来否定了当前的痛苦，那么未来和未来的观念就不应该是不断变化的吗？如果否定的东西总是在变，这种否定怎么能保持不变呢？如果共产主义不能也无法不受历史的影响，那么对未来表现的禁止只不过是一种狂热，只不过是将共产主义加工成不受干扰，不可分割，没有空白，超历史的东西。不是所有这些关于“未来”“解放”和“救赎”的讨论都模糊了一点：这些概念都不可能或应该与自己完全相同——今天的共产主义意味着一些与一百年前的事情完全不同的东西，而明天它将意味着又一次不同的东西？“共产主义批判不能对权力关系的转变无动于衷，它有一个时间核心。共产主义的意义必须在每一个历史情境中重新确定。”

对于阿多诺来说，未来的观点和最简单的事物都是不可能的，“因为这种情况是对这些知识的不确定的呼唤。事实上，因为完美的消极态度，一旦正视，就能描绘出它相反的镜像”。但这种描述从未出现过。否定的概念性否定不会自动成为一种立场。相反的形象，关于未来的负面雕塑，不能从资本主义的批判或批判资本主义的批判中推断出来。即使是最清晰的底片也能做出不止一张印刷品。根据曝光、透视和技术，有时会产生数百张不同的图像。这种对禁令的严重颠覆，获得了阿多诺本人的惊人支持，在与恩斯特·布洛赫的谈话中，他说：“可怕的事情发生是因为我们被禁止拍摄照片。这就是说，首先，关于应该是什么：它只能说的越多，就越不确定。但当时，这可能更加可怕——反对乌托邦的具体表现的戒律往往会削弱乌托邦的意识，并将其吞没。然而，真正重要的是它不同的意志。”在这一点上，阿多诺与福柯在另一次谈话中宣称：“在我看来，当今知识分子的作用必须是恢复 19 世纪的革命形象。为此，必然有新的人类关系模式，即新的知识模式、新的欲望和性生活的模式。”说出、想象、创造共产主义对未知和虚假的渴望，需要勇气。当共产主义应该创造我们对共产主义的欲望时，我们如何创造出对共产主义的欲望？问题是，越少的人能够做他们想做的事情，他们就越不想要任何东西。如果人们不想知道他们想要什么，他们又怎么能做他们想做的事情呢？当可能限制的范围是可取的，那么欲望本身就变得可取。欲望必须被创造，必须被需要。欲望着的欲望！共产主义的欲望就是痛苦最终走向终结的欲望。

历史的结束不仅仅是共产主义欲望的噩梦，更重要的是，这是革命的终结。不是1991年，而是1939年，1937年，后来，1924年，1921年，一直到1917年。在20世纪所有试图实现共产主义社会的失败尝试之后，我们还能对共产主义应该是什么样的问题保持沉默吗？我们讨论共产主义不提及历史吗？我们能如此天真地跳过几代人之间的障碍，寻求直接的、不受污染的对马克思原始手稿的访问吗？那些害羞地拒绝为激进社会主义和受害者的遗留承担责任的人，现在还可以称自己为共产主义者吗？“下一次将会更加民主”的廉价承诺和宣称共产主义是什么样子的说法一样空洞无物。理想的是，禁止共产主义形象阻碍了我们在未来的梦想中重复现在的可能性；但实际上，这是一个谎言，掩盖了真正可能陷入创伤性重复的过去。简而言之，真正的共产主义的美丽形象永远也不能被描绘成闭上眼睛去看虚假共产主义的丑陋形象的理由。似乎这取决于一个不确定的未来，而不是共产主义者自己来回答这个问题：为什么未来的共产主义不会像过去的共产主义？

这本书是在历史的结尾写成的。现在，历史的终结本身就是历史。从已经开始的未来看，这个历史性的时代将在1991年开始，并持续了整整20年。与20世纪的1917年、1968年和1989年的革命时期一样，革命从一个城市转移到另一个城市，从一个地区到另一个地区，跨越国界。而且，就像以前的那些周期一样，它也都是从全球秩序的边缘开始的，从那里，或多或少成功地从中心推向中心，到“野兽之腹”。“从西迪·布兹德到开罗，到班加西，达拉拉麦纳麦和萨那，横跨雅典，马德里，特拉维夫，伦敦，智利圣地亚哥和威斯康星州，到纽约，法兰克福，奥克兰，莫斯科，里约热内卢和伊斯坦布尔，萨拉热窝和巴黎。”1917年许多俄国革命家相信只有革命传播到整个资本主义世界才能取得成功。他们把所有的希望寄托在德国，令人失望。德国今天再次扮演着特殊的角色的作用，特别是在欧洲内部作为一个反革命中心，从历史上看，它是完美的。德国的通货紧缩、低工资、硬通货以及廉价的出口政策，同时也助长了欧洲的危机。而现在，紧缩措施又使欧洲危机变得更加糟糕，德国从中却获益颇丰。

今天，革命的成功又取决于他们激活和激进对方的能力以及完成自身全球化的潜力。不可否认的是，他们之间的行动是不同的，他们相互之间的联系是显而易见的：数字化的动员，占领公共广场，解放广场，宪法广场，祖科蒂公园，塔克西姆广场，共和广场，一种反对国家的政治在可能的情况下可采用非暴力抗议的策略。最重要的是，这些革命的特点是一种激进的民主组织形式，往往排斥政党的这种集中机构，同时把社会需求放在前面和中心：即政治和经济民主化。当埃及的示威者举着显示他们与罢工工人团结一致的横幅时，当塔克西姆团结阵营出现在纽约、雅典和柏林时，革命运动的全球特征变得清晰可见。现在，有一个组织又开设了新的抗议和组织形式。与此同时，这个组织可能会从另一个组织采纳其战略的事实中学到一些东西。推翻一个独裁者或军事委员会本身并不能成为一个名副其实的民主国家。正如埃及的抗议者赢得了新闻自由一样，希腊的报纸和公共广播机构也因为不再有利可图而被关闭。但我们也可以从 2001 年的阿根廷经历的挣扎中吸取教训，例如，结束利润并不意味着结束生产，这也可能意味着另一个开始。例如，在希腊，被占领的工厂、集体食堂、自治医院可以理解为在危机压力下人们的重大尝试，共同寻求未来。

目前的斗争是令人困惑的、充满矛盾的世界。有些人要求民主，有些人则什么也不要求。有人歌颂自由，有人高喊反对警察。球迷、劳动妇女、贫民窟居民、研究生、咖啡师、高中生、退休人员、无政府主义者和工会成员占据了广场，封锁了炼油厂，举行集会，砸碎了窗户，辩论理论，并试图将历史的进程从资本主义转向别的东西。这个“别的东西”是一个未知的未来的消极占位符，一个不稳定的真空等待被填满。它是否包含共产主义的内容或者更糟糕的事情尚待决定。

当前的革命运动，像许多前辈一样，都有自己的腐败形式，包括反犹太主义、厌女症和民族主义。同时，世界各地的法西斯主义、反动派和原教旨主义正在等待着创造历史的机会。从匈牙利到希腊，从叙利亚到乌克兰，对危机的反动解决方案包含了性别歧视和种族歧视的新政策。此外，军事凯恩斯主义、抑制竞争和“生产性”破坏资本的策略——也就是说，战争一直以来都是“成功的”。因此，在即将到来的革命上，要结束这些罪恶，防止最坏的情况发生。在这种历史的情况下，罗莎·卢森堡的著名言论是否会再次显现：社会主义或野蛮行径。但是历史社会主义本身就导致了新形式的野蛮行径。在世界历史上废除统治的企图中，社会主义使自己颜面尽失，痛苦而永久。然而，今天随着世界经济危机的到来，全球的叛乱正在酝酿，自由民主的资本主义模式也失去了 20 年前的吸引力。现在，资本的“永恒存在”已经结束。历史上第一次，历史再次开放——征求意见。

# 译后记

2017年3月，美国麻省理工学院出版社翻译出版了德国学者比尼·亚当恰克的《给青少年的共产主义读本》（*Communism for Kids*）。这部小书引起的争议浪潮，很快传到了国内。中国社会科学院钟君研究员在看到相关报道后，敏锐觉察出这本书的厚重主题与童话体裁之间的奇妙反差，并着手联系购买版权和组织翻译的工作。得益于钟君研究员的统筹协调，东方出版社和译者相继到位，翻译和编辑出版工作顺利进行。

本书的前十二章，以童话故事为主，由中国矿业大学（北京）青年教师卢刚负责翻译。本书的结语部分，是作者理论观点的系统表达，中国石油大学（北京）青年教师张明明承担了本部分的翻译工作。本书在后期的编辑过程中，由出版社邀请德语专家对中译文进行了审读校对，并补充翻译了英文译本中缺失的部分德文内容。

本书能得以出版，除了感谢钟君研究员的统筹协调，还要感谢东方出版社（人民联合）姚恋总经理的大力推动，正是在她的努力下，本书版权事宜才得以尽快解决。东方出版社闫妮编辑为本书的编辑校对工作付出了辛勤劳动，耐心与译者沟通，保证了本书翻译工作的顺利进行。中国矿业大学（北京）的王平平老师，担任本书童话故事部分译文的第一位读者，不仅纠正了本书的错译之处，而且还提出很有价值的修改意见，在此一并致谢。

限于译者水平，错误和疏漏之处在所难免，恳请读者们批评指正！

卢　刚

2018 年 3 月

**图书在版编目（CIP）数据**

给青少年的共产主义读本 /（德）比尼·亚当恰克著；卢刚，张明明译 .
—北京：东方出版社，2018.5
ISBN 978-7-5207-0325-3

Ⅰ . ①给…　Ⅱ . ①比…　②卢…　③张…　Ⅲ . ①共产主义—青少年读物
Ⅳ . ① D0-0

中国版本图书馆 CIP 数据核字（2018）第 064249 号


版权合同登记号：01-2018-2321

**给青少年的共产主义读本**
（GEI QINGSHAONIAN DE GONGCHAN ZHUYI DUBEN）

作　　者：（德）比尼·亚当恰克
译　　者：卢　刚　张明明
责任编辑：姚　恋　闫　妮
出　　版：东方出版社
发　　行：人民东方出版传媒有限公司
地　　址：北京市东城区东四十条 113 号
邮政编码：100007
印　　刷：北京汇林印务有限公司
版　　次：2018 年 5 月第 1 版
印　　次：2018 年 7 月北京第 2 次印刷
开　　本：880 毫米 ×1230 毫米　1/32
印　　张：4.5
字　　数：40 千字
书　　号：ISBN 978-7-5207-0325-3
定　　价：36.00 元
发行电话：（010）85924663　85924644　85924641